AF278568

LES JOURNAUX

DOIVENT-ILS RESTER SOUMIS

A UNE SURVEILLANCE POLITIQUE?

PARIS,

DE L'IMPRIMERIE de Vᵉ H. PERRONNEAU,
quai des Augustins, n° 39.

Déc. 1817.

LES JOURNAUX

DOIVENT-ILS RESTER SOUMIS A UNE SURVEILLANCE POLITIQUE?

Les philosophes et les publicistes peuvent débattre en thèse générale la question de la liberté de la presse, et démontrer avec succès qu'elle est la garantie la plus efficace de la liberté publique et particulière, le grand moyen d'étendre les lumières et de fonder la prospérité et la splendeur des nations; nous les écouterons avec intérêt, et nous accueillerons leurs discussions avec reconnaissance; mais l'administration vit de spécialités et se perd par des généralités. En admettant les principes généraux, elle les restreint presque tous dans l'exécution, parce que sa première loi est, non de suivre aveuglément les principes, mais de procurer le bien public, qui n'en souffre pas toujours une application rigoureuse. La question que nous traitons est une question administrative; c'est pourquoi nous l'avons spécialisée et posée ainsi : *Les Journaux doivent-ils rester soumis à une surveillance politique, dans le moment présent?*

Tel mode peut être reconnu actuellement comme un abus, et devra par conséquent être réprimé. C'est ainsi qu'on a regardé comme un abus la publication des opinions par affiches, et que nous ne voyons plus guère d'affiches politiques comme au commencement de la révolution.

Quoique les Journaux tiennent nécessairement au mode de liberté des peuples modernes, qu'ils soient indispensables pour promulguer les délibérations des assemblées publiques qui doivent être transmises à tous les citoyens, et que, sous ce rapport, on puisse les considérer comme faisant partie intégrante de toute loi qui accorde la liberté de la presse, on a été obligé néanmoins de les séparer des autres publications, dans la législation relative à cet objet. Cette séparation s'est faite sans réclamation, personne n'a prétendu qu'ils dussent être placés au même rang que les écrits de longue haleine, où la réflexion vient au secours de celui qui pourrait s'égarer, et dont un gain journalier n'est pas le but principal. Cette séparation s'est faite légalement ; car les Journaux n'ont point dans la Charte une garantie nominative et spéciale ; ils sont une des dépendances, une des modifications de la liberté de la presse, à qui cette garantie a été donnée en général.

En toute chose la Constitution accorde le droit

et la loi fixe le mode d'en user ; autrement, le droit deviendrait illusoire, par cela même que l'usage en deviendrait arbitraire et ne serait pas uniforme. Il en est ainsi du droit d'élection ; les élections, pour être efficaces, et pour remplir le but qu'on se propose, ne doivent se faire que d'après le mode décrété par la loi ; c'est pourquoi nous avons considéré la loi qui a régularisé ce droit, comme la plus grande garantie donnée à la Charte. Il en est ainsi de ce qu'il y a de plus sacré, du droit de propriété. La propriété ne pourrait pas, d'après le principe, être inviolable, si, pour protéger cette inviolabilité, l'Etat n'était pas autorisé, par une loi, à s'en approprier une partie par la levée des impôts.

Si donc, d'après ces considérations, la loi est maîtresse de décréter les modes de publication, et conserve néanmoins la liberté constitutionnelle de la presse, elle peut, à plus forte raison, soumettre un de ces modes à une surveillance particulière, et admettre la censure des Journaux, sans qu'il y ait contravention à l'article 8 de la Charte.

Toute loi est juste quand elle n'est pas en contradiction avec le droit constitutionnel, qu'elle ne l'annulle pas, et qu'elle ne fait qu'en régler l'usage. Or, la Constitution a décrété la liberté de la presse en thèse générale ; elle a laissé à la loi le soin de fixer le mode et de régler l'usage de cette liberté, afin qu'elle fût exempte d'abus. La censure des Journaux, instituée pour réprimer ces abus, n'est donc point inconstitutionnelle ; elle l'est aussi peu que la surveillance que l'autorité exerce sur les spectacles.

Ce n'est donc point, comme on l'a dit emphatiquement, suspendre une Constitution formellement proclamée ; ce n'est pas non plus, comme on l'a prétendu, suspendre un droit reconnu semblable à celui accordé par la loi d'*habeas corpus* ; c'est régulariser un mode de la liberté de la presse, qui n'existera absolument qu'autant qu'il sera décrété par une loi formelle.

Ceux qui se prononcent pour la liberté illimitée des Journaux, allèguent d'autres argumens que nous allons aborder successivement.

Un écrivain, dont il faut respecter le talent, a écrit sur la liberté absolue des Journaux, sous le rapport de l'intérêt du gouvernement, et sous celui de la liberté et de la sûreté individuelles.

Je ne dirai pas que, quant à l'intérêt du gouvernement, celui-ci est censé le connaître mieux que personne, qu'on peut s'en rapporter à lui sur ce qui concerne ses avantages, qu'il est le maître de choisir ses auxiliaires, et de refuser ceux qui s'offrent. Je ne me servirai pas de ce facile argument. J'admets, au contraire, qu'il puisse se tromper sur ses intérêts, et qu'il est utile qu'il sorte du public des voix qui l'éclairent sur ce qui lui est véritablement avantageux; premièrement, parce qu'il ne court pas seul les risques, qu'il les fait courir à tous les autres et que la cause est commune; et secondement, parce que voyant toujours du même point de vue, il est possible qu'il voie mal, ou qu'il ne voie pas tout, et que n'étant éclairé que par des agens intéressés, il est possible qu'il soit mal éclairé. Je veux donc que tout le monde soit admis à lui porter le tribut de ses lumières, et que le moindre matelot enrôlé sur le vaisseau puisse s'écrier : Un orage se prépare dans le Midi, une trombe se forme à l'Ouest et s'avance sur nous; d'abord parce qu'il est passager sur le vaisseau, et qu'il se noie avec les autres, et ensuite parce qu'il peut avoir la vue bonne; mais il faut qu'il y ait du vrai dans ce qu'il dit; il ne faut pas qu'il crie pour s'amuser, ou qu'il en fasse un métier pour se faire bien venir de l'équipage, ou pour l'alarmer.

D'une part, dit-on, le gouvernement porte la responsabilité de tout ce qui se publie, et il pourrait s'en dispenser, dans l'intérêt de son repos;

de l'autre, on lit avec défiance des Journaux dont les raisonnemens sont commandés. Le public y voit, non des argumens, mais des volontés; non des faits, mais des intentions secrètes, et le gouvernement devrait s'abstenir d'influer sur les Journaux dans l'intérêt de sa considération.

Cette responsabilité ne me paraît pas aussi effrayante à moi qui n'y suis pour rien, puisque je vois qu'elle n'effraie pas ceux qui s'en chargent et qui en font volontairement leur affaire. Ils prennent une peine qui est peut-être superflue, mais qu'ils croient utile, et ils se donnent gratuitement beaucoup de mal. Si je trouve qu'ils prennent trop de peine, c'est peut-être parce que cela me gêne; c'est donc par intérêt pour moi et non pas par bienveillance pour eux, que je voudrais qu'ils n'en prissent pas tant, autrement je les laisserais faire, puisqu'ils le veulent ainsi. La pitié ne s'applique qu'à des gens qui se plaignent. Ici, ce n'est pas celui qui prend la peine qui se plaint, mais celui pour qui on la prend, générosité rare et qui pourrait bien n'être pas tout-à-fait pure. Il n'y a pas de métier plus ingrat que celui de servir des gens qui ne veulent pas être servis, et de plaindre des gens qui ne demandent pas qu'on les plaigne : on est sûr de ne pas s'attirer leur reconnaissance. Laissons donc le gouvernement tranquille sur ce qui le concerne personnellement, et ne lui donnons de conseils que dans l'intérêt public.

On lit avec défiance les Journaux dont les raisonnemens sont commandés; on y voit non des argumens, mais des volontés; non des faits, mais des intentions secrètes.

Ce serait un mal, sans doute, que le gouvernement excitât la méfiance par les mêmes moyens qu'il emploirait pour inspirer la confiance, et en ceci il serait évidemment dans l'erreur, si le fait était incontestable. Mais, peut-on dire que tous les journaux aujourd'hui soient écrits dans le même sens et qu'ils psalmodient sur le même ton, comme du temps de Bonaparte? Ne les voit-on pas presque tous rédigés dans un esprit différent et suivant leurs affections ou le parti auquel ils se sont voués? Cela arrive, dira-t-on, par l'effet d'une tolérance; mais le gouvernement peut changer cet état de choses, il peut réduire par la censure, tous les journaux à parler dans le même sens, et à se servir de termes à peu près semblables. Non, il ne le peut pas aujourd'hui. La liberté que les lois n'ont pas décrétée, les mœurs l'ont établie à un certain point, et les mœurs sont plus fortes que les lois; elles conduiront peu à peu cette liberté dans la véritable route où elle doit marcher, car elles sont l'expression de la volonté de tous plus que les lois; il faut les laisser faire, mais ne pas prendre les devans sur elles, ni dans un sens ni dans l'autre, ni en accordant trop, ni en refusant trop. La loi alors mettra le sceau à ce que les mœurs ont sanctionné et elle sera invariable. Au surplus, les Journaux qui indiquent spécialement les intentions du gouvernement sont connus pour tels, on les appelle *semi-officiels* et on les lit dans l'esprit où ils sont écrits, comme on lit le *Courier*, à Londres.

Tout ce que le gouvernement fait, c'est qu'en laissant parler d'une part pour lui, il ne laisse pas de l'autre la liberté à une opposition ouverte qui chercherait à le renverser, parce que cela ne doit pas être. Cela serait bon si l'on était toujours dans le cas d'avoir à choisir un gouvernement, ou s'il s'agissait d'un procès dans lequel les adversaires combattent à qui l'emportera.

Je désire d'être compris en disant ceci, et je ne prétends pas qu'on ne puisse critiquer les actes du gouvernement. Si nous n'avons pas pour cela les Journaux, parce qu'il y aurait peut-être excès pour le temps présent, nous avons différens autres modes de publication, nous avons les brochures et nous en avons vu quelques-unes qui n'ont pas été lues sans fruit. J'en pourrais citer de ceux mêmes qui combattent pour la liberté absolue des Journaux comme s'ils étaient l'unique mode de publication et qui fourniraient ainsi des armes contre eux. Ces publications ne sont soumises à aucune censure préalable ; elles ont plus d'étendue qu'un article de journal, l'on y peut rassembler toutes les vérités qu'on a à dire et les faire ressortir avec plus d'effet. Mais le gouvernement n'a pas tout-à-fait tort en ne pas livrant ses actes à la critique de ceux qui font leurs premières armes dans les Journaux, où l'on insère des articles en sortant du collége pour s'essayer devant le public, comme on envoie ses premiers vers à l'Almanach des Muses.

Quand ce serait un mal que le gouvernement fût censé parler par l'organe, non-seulement des Journaux qu'il avoue, mais de tous les journaux ; quand même il vaudrait mieux qu'il eût des défenseurs d'autant plus forts qu'ils seraient libres dans leurs opinions et qu'ils auraient des sentimens à eux ; ce mal serait-il à comparer à celui d'une liberté sans frein qui se tournerait en licence et en hostilité contre lui et contre ceux qui vivent sous sa protection ? Beaucoup de gens ne savent pas combien ils lui doivent de leur repos et de leur tranquillité. On doit supposer que le gouvernement connait ce mal et qu'il ne le tolère que pour en éviter un plus grand ; de deux maux il a toujours été permis de choisir le moindre.

La situation du gouvernement est entre deux partis qu'il contient également ; pourquoi ne pas dire à cet égard ce que tout le monde sait, étrangers comme nationaux ? Notre gouvernement a à faire à deux oppositions, tandis que le gouvernement d'Angleterre n'a à faire qu'à une. Le plus grand mal serait d'ouvrir l'arène à ces deux partis, qui l'un et l'autre ont une certaine violence. Entre eux d'eux, le tiers parti, comme on l'a appelé, le parti constitutionnel, n'est pas encore assez fort de passion et pas acquis l'exaltation des autres, sa force n'est que dans les principes et dans la raison. Ainsi ces défenseurs, d'autant plus fidèles qu'ils seront plus libres dans leurs opinions, n'ont pas encore eu le temps de former leur phalange ; la Constitution n'est pas assez vieille ; les propriétés et les intérêts ne reposent pas encore sur elle, comme en Angleterre, dans l'opinion de tous ; il y a encore des intérêts divergens, la Charte est encore en théorie dans quelques - unes de ses parties, notre *Magna Charta* ne date pas de 1215. Laissez arriver le temps que tout le monde soit dévoué à la Constitution par un intérêt direct et personnel, parce qu'on en aura éprouvé la pratique dans toutes ses parties, alors le parti constitutionnel sera fort par la passion dont il sera animé, comme il l'est en Angleterre, alors on aura la liberté absolue des Journaux; pourquoi la voudrait-on avant? Ceux qui la réclament ont bien vu les choses dans un temps ordinaire, mais ils ne se sont pas rendu compte des circonstances particulières où se trouve le gouvernement. Je suis d'avis que dans notre situation actuelle il faut soutenir de sa confiance le gouvernement et ne pas exciter encore contre lui cette inquiétude dont il est l'objet dans les pays libres. Il ne faut pas faire comme ces républicains qui criaient à la trahison chaque fois qu'on envoyait un nouveau général à l'armée. Le gouvernement nous sauvera plutôt qu'aucun des deux partis dont l'un ou l'autre l'emporterait dans la lutte, si la lutte était permise. Pour qu'il nous sauve il faut qu'il en ait le temps; et pour qu'il en ait le temps, il faut que les passions restent muettes jusqu'à ce qu'elles s'appaisent et que la Constitution plane sur tous les partis.

En Angleterre le gouvernement a triomphé de tous les partis, et les Journaux peuvent être impunément libres. En France le gouvernement est, pour ainsi dire, occupé à ce triomphe, et les Journaux ne sauraient jouir d'une liberté absolue qui pourrait l'arrêter et qui dégénérerait nécessairement en un combat dangereux par la quantité de gens qui y prendraient part et par la vivacité des passions qu'ils y apporteraient.

Qu'on laisse suivre encore quelque temps le cours des choses et des mœurs actuelles et je réponds qu'on aura autant de liberté pour les Journaux en France qu'on en a en Angleterre. Je ne vois pas que la famille régnante y soit très-tyrannique, cela n'est ni dans ses habitudes ni dans son sang, et il est à prévoir que le ministère penchera plutôt du côté populaire à cause du prix qu'aura à ses yeux l'opinion d'une nation éminemment spirituelle et qui sait la faire valoir avec tant d'effet, et à cause de toute la puissance que l'énergie nationale donnera à cette opinion.

Qu'on ne me dise pas que je veux suspendre la Constitution pour la faire mieux marcher. Je ne veux rien suspendre, je ne veux pas même suspendre la loi *d'habeas corpus* en Angleterre, encore moins la liberté individuelle en France; je veux ajourner l'exercice d'un droit qui n'est pas acquis, que la législature décrétera quand elle le jugera convenable, et que personne ne sera le maître de suspendre une fois qu'il sera accordé, parce qu'alors, comme en Angleterre, les mœurs qui sont plus fortes que les lois s'y opposeront.

Du reste, je conçois que ce sera une fort bonne chose que des Journaux qui débattront librement toutes les opinions, qui éclaireront de toute part le gouvernement, qui surveilleront les autorités éloignées, qui ne laisseront passer aucun abus qu'il ne soit connu, aucune iniquité qu'elle ne soit atteinte de la peine de la publicité. Je vois tous les biens qui peuvent résulter de Journaux libres dans lesquels il ne sera question que des choses et non pas des personnes ni des haines de partis; mais je ne vois pas quel grand bien il peut y avoir à des caricatures que les amis de M. Pitt feront contre M. Fox, et que les amis de M. Fox pourront faire contre M. Pitt; je ne trouve pas une grande jouissance à ce combat plus souvent hideux que plaisant. Ce genre me paraît trop bas pour le public français. Les caricatures ne sont que les Journaux de la populace à qui il faut parler par les yeux, et peut-être cette populace n'existe-t-elle pas en France. Ce genre est d'ailleurs une pure importation anglaise, comme le serait l'art de boxer, et si les Français le conservent, ils l'anobliront et le perfectionneront comme ils ont déjà commencé a le faire, jusqu'à ce que, à force de perfectionnemens, il s'évanouisse et disparaisse sous leurs mains.

Quand on nous parle de la liberté des Journaux en Suède, en Danemarck, en Prusse, je ne sais pas pourquoi l'on a oublié la Russie, car l'on y écrit aussi des Journaux qui jouissent d'une certaine liberté, et l'un d'eux a comparé les inconvéniens de la liberté de la presse aux piqûres des cousins dans une belle journée d'été, ce qui n'empêche pas, dit-il, de jouir de cette belle journée. Mais je ne puis croire qu'un écrivain connu par sa dialectique ait pu sérieusement confondre une liberté de la presse accordée par le souverain dans un gouvernement absolu avec une liberté légale, constitutionnelle, qu'on ne peut plus reprendre une fois qu'on l'a donnée, qui ne s'exerce pas sous le bon plaisir de l'autorité et qui en devient tout-à-fait indépendante. Là, ce sont des concessions révocables à volonté; ici, c'est un droit que l'on réfléchit d'autant plus à accorder qu'on l'accorde pour toujours. Là, l'autorité vous garantit du moindre abus, parce qu'elle est toujours armée; ici, l'autorité est impuissante contre certains abus, parce qu'elle dépose les armes une fois pour toutes. La comparaison n'est pas tout-à-fait juste, et les choses comparées ne se ressemblent pas de tout point.

Je sais que dans un siècle où, pour la bonne fortune des peuples, les idées libérales étaient devenues de mode dans les cours, on a introduit de cette manière dans les monarchies absolues beaucoup de simulacres de la liberté, avec lesquels on croyait pouvoir se jouer impunément et en rester là ; mais on ne savait pas qu'après cela la liberté viendrait en personne mettre à bas tous ces jeux d'enfans et introduire à leur place une réalité qui n'est pas toujours aussi agréable à ceux qui gouvernent. Les États dont on nous parle en étaient à ces simulacres ; mais la liberté de leurs Journaux ne reposait sur aucun fondement solide : il n'y avait point là de Chambres qui pussent la décréter et dont l'acte devint loi pour le souverain, et je me croirai plus libre en France sous l'empire de la Charte, même sans la liberté illimitée des Journaux, qu'en Prusse, sous Frédéric II, qui, voyant qu'une satire contre sa personne était affichée trop haut, la fit placer plus bas, afin, disait-il, que tout le monde pût la lire. Il savait qu'il pouvait avoir impunément bien de la bonté et sans qu'il lui en coûtât grand'chose.

Il ne faut jamais, dit-on, suspendre la liberté de la presse (toujours suspendre tandis qu'il n'y a pas de suspension), suspendez plutôt *l'habeas corpus*, car la liberté de la presse conservée vous servira à réprimer l'abus qu'on pourrait faire de la suspension de *l'habeas corpus.* D'accord, mais n'y a-t-il donc de presse que pour les Journaux, et la liberté de la presse se réduit-elle à celle des feuilles publiques ? Les ouvrages politiques, tels que les lettres de *Junius*, ceux d'un moindre volume, n'ont-ils pas fait en Angleterre autant et plus de bien que les Journaux pour le maintien des libertés nationales ? Un imprimé distribué aux Chambres et jeté dans le public ne fera-t-il pas plus d'effet en faveur de l'innocence opprimée qu'un article dans un Journal où tout le monde s'habitue à trouver toutes les causes défendues et le pour et le contre plaidé sur toutes les matières ? Du moins, le réclamant n'aura à faire qu'à l'imprimeur qu'il paie et qui ne le refusera pas ; un Journal ne retardera pas son article ou ne le tronquera pas ; celui qui mendie son intervention ne se trouvera pas dans la dépendance de cette puissance qui devient arrogante dès qu'elle se croit une puissance publique et s'imagine exercer une magistrature. Un imprimeur, au contraire, est un instrument facile, dévoué, qu'on trouve partout sous la main, sans qu'on ait besoin de recourir à un Journal accrédité et de chercher celui dont les opinions lui permettent de se charger de votre cause. Un simple imprimé ne coûte pas plus cher qu'un article de Journal, tout le monde peut en payer les frais, et quand nous aurons un esprit public, il se trouvera des gens qui les

paieront pour ceux qui ne le peuvent, parce
qu'ils verront dans l'injustice commise contre un
seul la cause de tous compromise également. Avec
un imprimé on ne court pas les risques que l'on
court avec un article de Journal; on n'a pas à
craindre qu'aussitôt les Journaux ennemis ne vous
tombent sur le corps, ne vous attaquent, ne vous
calomnient, et ne préjugent votre cause; car,
comme ils sont tous rivaux et qu'ils rongent tous
le même os, n'ayez garde que l'un confirme ce
que l'autre a dit; il l'infirme au contraire, et le
pauvre réclamant, qui demande simplement jus-
tice, se trouve tout d'un coup en butte aux cris
de toute cette cohue et se voit plus d'ennemis qu'il
n'en a laissés dans sa province. Si j'avais quelque
notable injustice d'une autorité à repousser, je
voudrais m'adresser plutôt à un imprimeur qu'à
un Journal; car, si je m'adressais à tel Journal
que je sais, je serais mal noté chez tels autres; j'y
passerais peut-être pour un brigand ou pour un
homme sans religion. Si je m'adressais à tel autre
Journal que je connais aussi, beaucoup de gens
de valeur diraient : c'est un dévot, il est de la
clique. Au lieu qu'avec un simple exposé des faits,
sans contradicteurs et sans devenir tout d'un coup
un homme public, je ferai bien mieux mon chemin, parce que je n'aurai voulu me jeter dans

aucun parti, ce qui est une suite nécessaire de tout contact avec les Journaux. Je ne veux pas dire par là que les Journaux ne puissent servir dans ces sortes d'occasions et pour des réclamations de cette nature, je dis seulement qu'à la rigueur on peut s'en passer, et que tant que nous n'aurons pas la liberté absolue des Journanx, nous aurons, pour la publication de nos opinions et de nos griefs, d'autres libertés équivalentes, car nous posséderons la liberté de publier et d'imprimer par volumes, par brochures et par feuillets; et les abus auxquels ils pourront donner lieu seront jugés par un *jury*.

Paris, dit-on encore, a tout fait parce que les Journaux n'étaient pas libres; Paris a décidé des destinées de la France, parce que les Journaux étaient dans l'esclavage. Paris ferait bien plus si les Journaux étaient entièrement libres, et Paris a fait bien plus dans le temps qu'ils l'étaient. Dans le fait, la puissance de Paris sur le reste de la France ne vient pas originairement de ce que les Journaux y sont plus ou moins libres, elle vient d'une toute autre cause; elle vient de ce que Paris a toujours été le siége du gouvernement, de ce qu'une nation éminemment imbue d'idées monarchiques y voyoit toute sa force morale; toutes les autorités et toutes les lumières y ont toujours été concentrées, et le parlement de Paris a toujours été considéré comme le chef de tous les autres parlemens, soit par l'immensité de son ressort, soit par le pouvoir législatif qu'il exerçait sur toute la nation au moyen de l'enregistrement des impôts. Du temps de la ligue et de la fronde, quand le roi et toute la famille royale étaient hors de Paris, Paris dominait néanmoins et donnait le mouvement à toutes les provinces. C'était Paris qu'il fallait avoir pour être maître de la France. Paris fut le siége de la ligue et résista à Henri III et à Henri IV. Le dernier n'est devenu roi de France que lorsque Paris a été soumis. Paris était le siége de la fronde et exerçait plus de pouvoir qu'une régente fugitive accompagnée d'un ministre qui n'était pas sans talent et d'un jeune roi devenu majeur, et qui avait de si grandes destinées.

Si l'esclavage des Journaux eût donné seul à la capitale ce pouvoir au moyen duquel elle entraîne la France, Paris n'eut pas imprimé un mouvement général à tout le royaume lors de la Constituante et à l'époque de la Fédération. Les Journaux étaient libres alors, et nulle censure, nulle police n'empêchait d'en remplir les colonnes dans le sens de chaque parti. La puissance de Paris est donc venue d'ailleurs que de cette cause unique à laquelle on veut l'attribuer ou plutôt en est tout-à-fait indépendante.

Pour juger de l'esprit dans lequel seront écrits les Journaux, si on leur accorde dès aujourd'hui une entière liberté, on n'a qu'à voir quel est l'esprit dans lequel s'écrivent des ouvrages de plus longue haleine, et où l'on ne peut pas dire que le temps de la réflexion ait manqué aux auteurs. Ne voyons-nous pas paraître, volume par volume, un ouvrage de l'espèce de ceux où, comme l'a dit un magistrat, on ne se propose d'autre but que de fournir à la curiosité publique un aliment préjudiciable à l'intérêt, à l'honneur des personnes et des familles ? Cette production qui a tous les caractères des journaux, puisqu'elle n'en est qu'une compilation, ne porte-t-elle pas ouvertement le pavillon d'un parti ? Voilà ce que seront, dans des sens opposés, sinon tous vos Journaux, du moins vos principaux Journaux. Ce seront autant de biographies des vivans qui s'imprimeront à quatre-vingt mille exemplaires, et qui paraîtront tous les jours. A la diffamation historique succédera la diffamation journalière. Ceux qui auront le plus de vogue, seront sans doute ceux des partis les plus extrêmes. La modération sera l'objet des sarcasmes, si, comme à une certaine époque, sous le nom de modérantisme, elle ne devient pas un crime.

Or, si l'abus se montre dans des ouvrages d'une grande étendue, s'il ne peut être réprimé, si déjà les tribunaux retentissent de plaintes en calomnie, de récriminations et de désaveux ; si déjà les citoyens s'accoutument à scruter chacun la vie cachée et les actions privées de l'autre, dans l'intention de lui nuire, n'est-il pas prudent de laisser subsister la digue contre la plus forte diffamation, la diffamation de tous les jours qui, en usant d'une constante répétition qu'on a nommée la plus puissante figure de rhétorique, peut travestir la vertu en vice, et l'innocence en crime capital ? Ne faut-il pas quelques ménagemens chez un peuple où la révolution a laissé tant de souvenirs et créé tant d'intérêts contraires ? où même la malignité blesse pour le seul plaisir de blesser ? Ce plaisir deviendra bien plus exquis quand il sera assaisonné par la haine et la vengeance : on cherchera son ennemi dans ce qu'il a de plus cher, et l'on paiera volontiers l'amende, pourvu qu'on couvre d'une tache indélébile le nom d'un rival ou d'un homme odieux. Le calomniateur même, dans sa défense, peut aiguiser son dard et enfoncer le trait en fuyant, comme le Parthe. Il en sera quitte pour une somme d'argent, tandis que sa victime reste déshonorée ; la partie n'est pas égale. C'est en France qu'a été trouvé le mot de *Bartholo*, long-tems avant qu'il fût mis en pratique dans toute son étendue. Nulle part il n'y a de plus forts aiguillons, ni des épidermes plus sensibles. Malheur à quiconque est accusé, en France, par ce qui ressemble à la voix publique, et réduit à plaider une cause isolée devant la malignité commune ; sa condamnation est dans ce seul mot : *Il a eu besoin de se justifier.* Et, qui est-ce qui aime à écouter une justification toujours plus longue que l'accusation ? qui est-ce qui en a le temps ? Personne n'est assez ennemi de soi pour se refuser au plaisir d'entendre le mal, et pour ne pas craindre qu'il ne soit pas réel.

Décrétez, nous dit-on, que tout homme qui insérera dans un Journal le nom d'un individu de manière à compromettre son honneur, quand il n'aura pas souffert un dommage par le fait qu'il publie, sera condamné à des peines sévères sur la simple exposition de la feuille. Mais si cette loi n'existe pas, si elle n'est pas faite depuis le temps qu'on a donné des projets de loi contre la calomnie, c'est précisément la difficulté de la faire. Il ne faut pas seulement que les lois existent, il faut encore que les mœurs soient telles qu'elles s'exécutent rigoureusement. Ce n'est pas dans les Chambres seulement que se font les lois, c'est par l'opinion de la nation. Quand elles ne sont pas en harmonie avec les mœurs, elles ne s'exécutent jamais, et il faut qu'elles les attendent ; l'opinion prononce contre elles, et il est honteux d'en profiter ; telles ont toujours été les lois sur le duel. Il en est autrement de la calomnie en Angleterre ; elle y est déjà usée, et ses traits sont émoussés par le long usage qu'on en a fait. La diffamation ne prend pas sur celui qui est justifié aux yeux d'un tribunal, parce qu'il est, dès lors, justifié aux yeux du public. On n'y dit pas : *Il a eu besoin de se justifier ;* on loue et l'on approuve son triomphe sur le calomniateur, qui est regardé comme l'ennemi de tout le monde. Je ne veux pas dire qu'en France il soit regardé comme l'ami de tout le monde ; mais cherchez en France une société où l'on reçoive un homme qu'un tribunal, fût-ce celui des Maréchaux, aura lavé d'une infamie.

Pour juger jusqu'à quel point il est désirable que la loi accorde la liberté illimitée des Journaux, il faut rechercher ce que les Journaux ont été jusqu'à présent dans les différens intervalles de liberté plus ou moins étendue, et d'esclavage plus ou moins complet par lesquels ils ont passé. Ce n'est pas improprement qu'on les a comparés au port d'armes qu'on se dispute, tant on s'est occupé d'eux comme moyen d'attaque. Ils ont eu, dit-on, une belle époque ; c'est à la sortié de la terreur où ils se sont montrés nobles et courageux; mais depuis n'y a-t-il pas eu d'autres occasions où il s'agissait de montrer de la noblesse et du courage, pourquoi cet héritage s'est-il sitôt perdu ? Mais à les considérer en général, qu'est-ce qu'on trouve ?

Les premiers journaux qui se publièrent depuis la révolution, eurent pour caractère la violence et la dénonciation; ceux qui sont venus depuis ont eu, pour caractère, l'esprit de satire et de dénigrement. Ainsi la liberté absolue et l'esclavage absolu leur ont fait produire de tristes fruits, d'où il résulte qu'une liberté mitigée et progressive, les rendra seule dignes du complément de la liberté. Pendant une époque de la révolution les journaux gouvernaient et proscrivaient, souvent leurs feuilles avaient dans les provinces la force des décrets; ils étaient l'expression d'une faction dominante. Pendant une autre époque, ils faisaient la guerre aux lumières, avilissaient la partie saine de la nation, et l'immolaient à la puissance qui les payait; c'était l'exercice d'un pouvoir qu'on leur avait confié. Depuis Camille, Desmoulins jusqu'à nos derniers temps, il y a eu en France un gouvernement de journaux pour lequel les publicistes n'ont pas encore trouvé de nom.

Les journalistes donnent d'autant moins de garantie qu'ils n'ont jamais en vue qu'un intérêt privé. On conçoit qu'un homme profondément pénétré d'une grande vérité et de l'utilité de sa publication, écrive dans un intérêt autre qu'un intérêt purement personnel, et qu'il réclame la liberté de la presse pour un avantage public quelconque. Mais ceux qui publient des Journaux ne font autre chose qu'établir une entreprise commerciale, qui n'a pour objet qu'un profit particulier. Il est question, dans cette spéculation, non de la prospérité publique, mais de la prospérité de l'entreprise.

Pour réussir il faut plaire, et pour plaire il faut exagérer et flatter toutes les passions. Les Journaux sont un objet d'amusement plutôt que d'instruction, et sous ce rapport ne diffèrent guères des spectacles qui ont toujours été soumis à la surveillance de l'autorité. Qu'on lise les principaux journaux de la capitale, sur lesquels les autres se modèlent plus ou moins, et l'on verra qu'après quelques articles tirés des journaux étrangers, et dont le ton grave et sec attire faiblement le lecteur, presque tous les autres articles sont consacrés à satisfaire la frivolité ou la malignité; telles sont les nouvelles des spectacles, les anecdotes de théâtre, le scandale de la veille; tels sont ceux où l'on rend compte des ouvrages nouveaux et qui ne sont, quand le journal est piquant, que des satires plus ou moins ingénieuses sur ces ouvrages. Le rédacteur se montre sur le premier plan, et se présente devant son lecteur pour le faire rire à déjeûner, aux dépens de qui de droit. Il y a toujours un peu de corsairage dans le fait des journaux; c'est une lettre de marque que l'on donne, et tout est de bonne prise jusqu'à ce que le tribunal ait prononcé. La malice est obligée, et les journaux qui y sont le moins propres veulent en avoir et y font leurs efforts, sous peine de voir diminuer la recette. Peu contens de flatter la frivolité de la malignité du public, ils flatteraient ses haines s'ils en étaient les maîtres et attiseraient le feu des partis, parce que cela rapporte encore davantage.

Je crois donc que nos Journaux ont pris une fausse direction et que leur excessif désir de plaire ou leur excessif amour du gain les rendent, avec nos mœurs actuelles et dans notre situation présente, un objet de la surveillance du gouvernement, jusqu'à ce que, prenant un autre esprit, et les mœurs changeant peu à peu par l'effet de la Constitution, ils puissent obtenir cette liberté illimitée qu'on réclame pour eux. Les souvenirs sont trop récens, les haines ne sont pas assez éteintes pour qu'on puisse laisser dire à chacun tout ce qu'il pense, et le dire tous les jours et à tout le monde. Mais tous les jours les souvenirs s'effacent, les haines s'appaisent, et tous les jours l'époque approche où cette liberté pourra être accordée par une loi formelle et irrévocable, parce qu'alors elle sera sans danger (1).

On ne réfléchit peut-être pas assez que l'indépendance absolue des Journaux est le *maximum* de la liberté politique, et que nous ne pouvons manquer d'y arriver par le mouvement qui est dans les choses. Tous les ans il y a progrès, et il y a sécurité et satisfaction toutes les fois qu'il y a progrès successif. Quand toutes les autres concessions auront eu lieu successivement, la liberté absolue des Journaux est inévitable; mais elle doit arriver la dernière pour couronner l'édifice, quand cet édifice sera assez solide pour qu'il ne puisse être renversé.

On objecte l'exemple de l'Angleterre. Il y a trois choses à répondre.

---

(1) Ceci a été écrit avant que le projet de loi sur la liberté de la presse, soumis à la Chambre actuelle, fût connu.

1º Lorsqu'en Angleterre, en 1694, on décréta la liberté absolue de la presse, il n'y avait pas autant de Journaux qu'il y en a maintenant en France; ils se sont établis peu à peu, et les lois sur la calomnie qui ont suivi un progrès paralelle, ont suffi pour les retenir plus ou moins dans de justes bornes. Pendant ce temps, l'indifférence pour tout ce qu'ils disent de personnel s'est établie, et c'est au mépris qu'on a eu pour eux qu'ils ont dû la liberté qu'on leur a laissée. On est parvenu à croire qu'ils ne peuvent offenser. Si les Anglais avaient été en 1694 dans notre situation et qu'ils eussent autant de Journaux que nous, il y a grande apparence qu'ils les auraient exceptés, pour quelque temps, de la liberté générale de la presse;

2º Les Journaux n'ont jamais été écrits en Angleterre comme en France, avec le dessein de servir d'aliment à la frivolité, parce qu'il n'y en a pas autant. Ils avaient pour objet, dans le principe, de satisfaire la curiosité politique et des intérêts publics, chez un peuple où, dès-lors, chaque individu était attaché à l'État entre les mains duquel il avait placé sa fortune. C'est sous Guillaume III qu'ont été établis, avec le système de crédit, les Journaux chargés d'informer le public des actes du gouvernement et de l'emploi journalier qu'on faisait de son argent. C'était une espèce de tontine où il fallait bien que chacun sut tous les jours à quoi s'en tenir sur l'état des choses et sur la sûreté de ses fonds ;

3° La révolution dont on sortait en Angleterre, en 1688, n'avait rien de commun avec celle dont nous sortons aujourd'hui. Les haines avaient eu le temps de s'amortir sous Charles II, dont le règne, sur-tout vers la fin, avait été le fleuve du Léthé pour les idées révolutionnaires, et pendant lequel l'amour des plaisirs avait remplacé l'amour de la vengeance. Le poëme d'Hudibras prouve qu'on riait alors. Tous les hommes qui avaient agi depuis 1640, et qui avaient figuré dans le Long-Parlement, étaient morts en 1694 ; au lieu que chez nous, les hommes de toutes les assemblées, depuis la Constituante et de la Constituante même, sont vivans et demandent justement ou du respect, ou de l'indulgence, ou du moins de l'oubli. Il n'y avait point en Angleterre cinq millions d'acquéreurs de biens nationaux, y compris leurs ayant causes et des émigrés, premiers propriétaires de ces biens, rentrés au nombre de 200,000. Il n'existait point en Angleterre une noblesse ancienne et privée de ses priviléges auxquels elle ne pense pas sans regret, et une noblesse nouvelle primitivement instituée pour remplacer et faire oublier la première. Il n'y avait point tant de places données par le gouvernement, ni cette ardeur, ni ce besoin pour courir après ces places; on ne se heurtait pas à ce point dans le chemin de la fortune. A cette époque la nation anglaise était occupée, d'une part, de guerres étrangères auxquelles elle mettait un vif intérêt, et de l'autre, elle commençait alors à se livrer à ce système de commerce et d'industrie qui lui a si bien réussi, et auquel les gentilshommes prenaient une part égale avec les autres classes de la société. Au lieu qu'en France il se trouve un beaucoup plus grand nombre d'hommes qui, pour vivre, s'attendent aux faveurs du gouvernement, et c'est dans les Journaux qu'on calomniera son rival pour l'écarter : il est aisé de calomnier auprès du gouvernement, qui ne peut tout examiner; on sait ce qui s'est passé en 1815.

Malgré tous ces avantages que l'Angleterre avait sur nous, en sortant de sa révolution de 1688, qui, comparativement à la nôtre, mérite à peine le nom de révolution, elle a attendu six ans avant de croire qu'elle pût impunément, et sans danger pour la tranquillité publique, accorder la liberté illimitée de la presse. Et nous qui vivons dans le siècle de la délation, ou qui en sortons à peine; nous qui avons des troupes étrangères dans le pays ; nous dont la tranquillité est le besoin de l'Europe, qui la surveille en armes, nous r'ouvririons dans ce moment même, et sans le moindre délai, l'ancienne carrière d'où il est sorti tant de diffamation et tant de trouble ? Nous laisserions une liberté illimitée à des hommes qui, quelque bons citoyens qu'on veuille les supposer, ne peuvent avoir uniquement l'intérêt public en vue, et céderont aux séductions de l'intérêt personnel, souvent même sans s'en douter ?

Au demeurant, dans un gouvernement représentatif le pour et le contre de toutes les questions doit se débattre ; celle-ci en valait la peine et elle ya être à l'ordre du jour. Il n'y a jusqu'ici, hors des Chambres, qu'un parti qui ait parlé. Si ceux que je m'honore de combattre m'allèguent des raisons qui puissent me convaincre, j'en serai beaucoup moins fâché qu'ils ne croient ; mais jusqu'à présent je ne suis pas convaincu.

FIN.